JN439065

茶

차이야기

이미라 시집

차茶 이야기

초판인쇄 2017년 2월 23일
초판발행 2017년 3월 15일

지은이_ 이미라
발행인_ 이현자
발행처_ 도서출판 현자

등 록_ 제 2-1884호 (1994.12. 26)
주 소_ 서울시 중구 수표로 50-1(을지로3가, 4층)
전 화_ (02) 2278-4239
팩 스_ (02) 2278-4286
E-mail_001hyunja@hanmail.net

값 15,000원

ISBN 978-89-94820-28- 6 03810

이 도서의 국립중앙도서관 출판예정도서목록(CIP)은 서지정보유통지원시스템 홈페이지(http://seoji.nl.go.kr)와 국가자료공동목록시스템(http://www.nl.go.kr/kolisnet)에서 이용하실 수 있습니다.(CIP제어번호: CIP2017004764)

이미라 시집

도서출판 연자

시인의 말

참으로 오묘하고도 깊은 철학이 깃든 차 생활을
십여 년 수업하며 '茶' 자의 획들이 백팔번뇌의 의미를 지니고
무한한 선의 경지가 그곳에 있음을 알게 되었다.
그러나 아직도 설익은 몸과 마음은 차 공부를 하고 있다는
말조차 할 수 없는 부족한 소인이다.
옛 선인들의 다茶시詩를 읊어보면 청빈한 삶의 향이
산골 물처럼 솔밭 향기처럼 차 달이는
화롯가에 불빛들처럼 온몸을 감싸오곤 했다.
차 공부 십여 년의 스승이신 성기안 선생님은
내 삶의 멘토이시며 삶의 전환점이 되는
계기를 만들어 주셨다.
그분에게서 늘 겨울날 매서운 바람이 주는 청량한 자극으로
몸과 마음을 수신해 왔다. 깊은 감사를 드리며
이번 출간하는 《차茶 이야기》는 차의 깊은 상식보다
차 생활을 통한 순수한 감성을 이야기한 것이다.
누군가 차 한 잔 마시며 책 속의 이야기들이
때로는 같은 마음이기를 바라며 턱없이 부족하지만
차에 관한 첫 시집을 내 밖으로 보낸다.

-창밖에 함박눈 내리는 어느 겨울 날

목차

초록빛 다원

신의 축복이 내린 곳
신록의 초록 여울이 굽이굽이
세상사 잠재우듯 고요히
하늘을 품고 있다
세상 사는 모양이 그렇지 않은가
일창 일기 여린 몸부벼
알싸한 수액을 내보내는
유념의 작업과
덖으고 또 덖으고
수없이 자신을 자맥질하듯
담근질하며
꼭히, 신선한 바람에
다시 또 달궈진 몸을 식히듯
우리도 간간히 욕망에 들뜬
무거운 몸 내려놓고
엉킨 마음 바람에 풀어 놓으면

- 엉킨 마음 바람에 풀어 놓으면

세상이 보인다. 저만치
선의 경지를 이룬 다인의 수고에
차 한 잔이
세상을 다스린다

평사리 매암 차밭에서

신목神木이라 일컫는 차나무 향에
옛 정취 더 더욱 그윽하게 감돌고
뜨거운 태양도 짙푸른 초원에 잦아들었다
몸가짐 차분히 향에 묻혀
단정 지을 수 없는 오묘한 맛의
녹차 한 모금
끽다를 한 후 완상에 젖어드니
어지러웠던 일상이 모두 내 안에서 평안하며
잔잔히 나를 다스린다
오후 한나절 차 잎을 따고 고루며
일쇄시키는 차일에
신선한 행복함이 손끝에서 분주하더라
한동안, 온몸에 묻어가는 차향이
정갈한 심신을 우려내리라
차와 더불어 더하지도 덜하지도 않는
삶을 터득하며
태초의 본연으로 돌아갈 수 있는
그때를 탐하리라

- 뜨거운 태양도 짙푸른 초원에 잦아들었다

- 탱글탱글 윤이 나는 차잎에 손닿는 순간

차 밭에서

탱글탱글 윤이 나는 차잎에 손닿는 순간
피곤한 심신들이 차밭에 넘실대는
햇살과 싱그러움으로 굽이굽이
밭고랑을 너울댄다
바구니에 잎이 그득해지면
어느새 푸근한 마음에 초록물이 드는 듯도
하여, 무겁던 몸 하나가 무수한
차나무 중에 하나가 된다
왠지 모르겠다
차나무 숲에 쌓여 채엽하는 여인들
있는 듯 없는 듯 소란스런 수다도 잦아들고
진중한 손끝에 정성을 쏟고 있다
아마도 마음 한켠에 차를 대접할
소중한 인연을 이미 떠올리고 있을 거다

자재암에서 차를 마시다

원효폭포 힘찬 물살 다스려 잔잔히 흐르는
계곡의 속리교 건너 108계단 오르는 동안
이미 희석된 세속의 마음 가닥들을 추슬린다
암벽으로 병풍 두른 자재암
부처님 자비로 품은 듯 평온하다
댓돌 위에 오르는 발의 무거움이
살짝 울어주는 풍경소리에 가벼워진다.
스님의 차 자리 앞에 놓여진 옹기종기 다기들
수없이 차보시를 하며 들려준 이야기들이
여러 모양으로 찻잔에 깃들었다
바쁜 행랑들의 사심을 씻어내며
비바람 삭여낸 뽕잎차
청아한 약수로 우려 주는
스님의 차 한 잔이 온갖 마음을 다스려 준다

한탄강 강가에서

물안개 자욱한 강가에서
작은 차 자리 펼쳐본다
강을 끼고 우뚝 선 바위산이 병풍이요
강 언덕 풀숲에 온갖 들꽃이 차 자리 곁에
다화로 함께하고
알 듯 모를 듯한 차의 오미가
오묘한 물안개 향기와 어우러져
차 맛이 절정이다
따끈한 차의 온기가 강기슭에
안개로 피어오른다

들에서 만난 차 자리

한 빛 가라앉은 겸허한 광목 한 폭
고요한 세상을 덜어다 놓은
작은 차 자리
패랭이 한 포기 숨을 쉬는 요요함
망초꽃 물방울로 맺혀 있는 청아함
엉겅퀴, 한 송이
한폭 차 자리에 보랏빛 아련하다
자리마다 차 우리는 행주의 모습
나비의 날갯짓 같아라
간간이 정적을 깨는 물 따르는 소리
풍경소리 찾아온 듯
세 모금 작은 떨림으로 채워지고
천지인의 어우러진 겸허한 차 자리
비움의 행복함이 가슴에 가득하다

- 천지인의 어우러진 겸허한 차 자리

- 찻잔에 무의도를 담았다

무의도 국화차

바다 갓길 산언덕
샛노란 소국들이 발길을 잡는다
옷깃 한 자락 펼쳐 수북이 채우고도
자리를 뜰 수 없다
온통 노란빛에 사로 잡힌다

어느 날
찻잔에 무의도를 담았다
움츠렸던 잎들이 쫑긋쫑긋 살아난다
바다향이, 해풍이
유난히 파랗던 하늘이
파도로 철썩인다

차 한 잔에 무의도가 떠 있다

완상에 이른 다인

자신을 갖추어야 타인 앞에 당당한 모습
자신을 낮추어야 늘 의연하게 겸손한 모습
선을 추구하며 덕을 베풀고
자연을 읊어내는 말들은 다시가 되고
진리가 되는 다담의 자리를 만든다
차를 만드는 다인은 손놀림이 단아하고
질서 속에 유연하며 정결한 온 몸의 흐름이
잔잔한 샘의 물이 흐르는 듯하다
진정한 다인은
진솔한 말 중에 헛된 남의 말 남의 허물을
옮길 수 없이 늘 고요하다
부질없는 일들에 몸과 마음을 덜어 줄 수 없다
차의 담백한 성품에 일치를 이룬 참모습이다

오뉴월 다실에서

바람 야속한 오뉴월
달구어진 태양이 마구 들어와
찻상에 정갈하게 깔린
다포의 순백에 열기를 거둔다
온화한 빛으로 사뿐히 눌러앉아
좌도 우도 부대끼지 않는
다기의 정렬된 모양이
좌충우돌 다난한
인간사를 다스리듯 더위도 밀쳐놓고
정에는 동, 동에는 징을 이르는
다법의 도리에 숙연해진다

- 해 묵은 차향이 다실을 맴돌며

한다원

번잡한 국도변 작은 다실
그곳엘 가면
많은 시집과 서적들이 마구 쌓여있고
해 묵은 차들이 사방에 꽂혀 있는
작은 사랑방
오며 가며 따끈한 차 한 잔 취할 수 있는
그곳엔 고고한 기운이 감돌며
세월을 거슬러 사는 듯
늘 단아한 여인이 차를 우려주고
도시의 소음을 잠재우고
고요한 담소를 나눠 준다
해묵은 차향이 다실을 맴돌며
완상에 이르게 하는
나실에서, 나는
그녀를 다인이라 부르고 싶다

다심

인적 없는 산속
샘물 흐르는 소리
다단한 일상에서 돌아와 앉은
다인의 손끝에 묻어와 있네
찻잔에 따르는 청아한 소리
온몸의 정성이 차 한 잔에 깃들었네
잎 사이 비껴가는 바람처럼
감미로운 향이 흐르고
찻잔에 얼비치는 초록은
햇살에 빛바랜 고운 빛이다
단아하고 온유한 마음들이 물속의 수초처럼
흐르는 듯도, 정지된 듯도 하여
몸도 마음도 고요함에
다담의 여유는 해탈의 순간입니다

다인의 오덕목

공손한 온몸으로 손님 맞는
행주의 자태는
다실에 들이는 발길을 숙연케 한다

여인의 단아한 옷매무새가
마주한 사람들 옷차림
조심히 매만지게 하며
우아한 움직임으로 차를 만드는
여인은 손님을 겸허한 자리로 이끌고

나지막이 꽃잎 흩날리듯
다담의 자리를 엮어가는
언어들은 행복으로 그득히 채우며

여인의 능숙한 다스림늘이
세상을 정의롭게 밝힌다

- 햇살 가득 들인 다탁에

아침완상

비 개인 이른 아침
어제 종일 구성지게 내리던 비의 선물
창가에 파랗게 하늘이 내려와 있네
문 열어 눈 맞춤하던 시선이 미끄러진다
물기 채 가시지 않은
초록은 더 투명한 연초록이며
파랑은 더 새파란 코발트빛이다
이토록 청량한 하늘빛에도
내가 행복할 수 있음에 또 한 번
행복하여
햇살 가득 들인 다탁에
정갈한 울 어머니 닮은 다관
청아한 물소리 채워
풀빛 녹차 한 잔에 떠 있는 햇살 닮아
세상에 더없이 평온한
완상에 이르고 싶네

손님맞이 다례

나비처럼 사뿐히 버선발 하얀
코끝으로 차올리는 치맛자락
걸음마다 꽃잎 흩날리듯 가벼운 듯
진중한 자태, 귀하게 맞이하는
손님들 온화한 미소 다실 가득하다
차 만들 준비 일찍 다된 듯 반질한 무쇠솥에
물끓는 소리 국자로 물 뜨고
솥 가장자리 가벼이 “탁”
치는 소리 마음 한곳에 모아 섬세하게
차 만드는 모습 다실이 고요해진다
색색의 맛깔스런 다식 먼저 대접하는
시자의 공손한 걸음걸음 손님을 더욱
귀히 모신 듯 다담은 화기애애하다
차 맛의 과찬은 다화에 다소곳이
피어나고 무르익어 가는 시간
흐르는 줄 모른다

유아들 첫 만남

연노란 은행잎 닮은 손바닥
초롱꽃 모양 작은 찻잔을
세상에 가장 겸손한 맘으로 받쳐 들었다
날 듯 말 듯한 색과 향기를
볼 수 없고 맡을 수 없지만
호기심 가득히 살짝 음미해본다
웬지 모르게 태어나 처음
대하는 차맛은 아마
신비할지도 모른다

- 차 잎들의 절절한 시간이 흐른 후

차 이야기-1

천지간의 신비를 품었을
차 잎들의 절절한 시간이 흐른 후
시간과 공간과 선의 경지를 넘나드는 조화 속에
나를 내어 놓고, 온통 차오르던 미움들 사념들
온전히 내려놓고
풀잎 자락 하나 걸치면
바람소리 물소리 햇빛 머금은 찻잔에
내가 떠 있다

- 잔 속에
  무심코
  무심히
  스며든다

차 이야기-2

차 한 잔에
짧쪼름한 설움이 녹아든다
무명의 겸허한 모습이어야 하는
잔 속에
무심코
무심히
스며든다
가득한 설움이 무명의 모습이다
찻잔에 감도는 정취는 왠지
속 깊은 무명 빛이다
차를 마시는 사람늘 마음은
무명 빛이다

차 이야기-3

차를 마시는 누구나
그리운 이 한 사람쯤 만들어 낸다
차 한 잔의 귀함을 알고 난 후
편안한 한 사람 마주하여
정성들인 차 한 잔
나누고 싶어진다
차 한 잔의 깊은 진리를 알고 나면
선의 경지에 참선하듯
좋은 인연 한 사람쯤
함께 하고 싶어진다

\- 차를 마시는 누구나
그리운 이 한 사람쯤 만들어 낸다

- 소라 껍질에 귀 기울이면
  파도 소리가 들린다

차 이야기-4

소라 껍질에 귀 기울이면
파도 소리가 들린다
아마도 어머니 품속이었을
바다가 그리운 거다
우윳빛 찻잔은 그윽이
초원을 담고 있다
바라보면 숲이 보이고
사잇길 흘러가는 바람 소리가
아득하다
아마도 어머니 품속이있을
차 밭이 그리운 거다

차 이야기-5

터질 듯 초록물 머금은 차 잎들
장인의 손맛으로 비비고 또 비비고
타오르는 태양빛도 넉넉히 비비면
다인의 정성
숙연하게 찻잔 속에 깃들었는데
우리고 또 우려내어도
그 맛은 깊이를 더하고
다완에 떠 있는 차 잎들은
본연의 모습으로 환생하듯
초록 물오른 새싹으로
다시 또 피어난다

차 이야기-6

더러는 달큼하다고도 하고
더러는 시큼하다고도 하고
더러는 쌉쌀하다고도 하고
더러는 짭짤하다고도 하고
더러는 떫다고도 하고

어느 하나 드러나지 않는 오묘한 맛은
절제된 감성을 이르는 것일 거다
삶의 모습도 이와 같으면
쉽게 성내지 않으며
쉽게 유혹에 빠지지 않으며
과하게 탐하지 않으며
세상을 유유히 흐르는 물길처럼
순리대로 흘러갈 수 있을 거다

- 창 밖 설경 병풍으로 두르고

차 이야기-7

창 밖 설경 병풍으로 두르고
한해를 함께 걸어온
기꺼이 고마운 인연들
쉽게 스미지 않고
쉽게 사라지지 않는
진솔한 향기
눈 덮인 숲과 길
은빛 나뭇가지들
걸어온 발자국들 함께
우려낸 모과차, 빛 고운 매실차
김 서린 창가에 담소가 모락모락
따뜻한 겨울이다
포근한 겨울이다

- 시골 툇마루에 한가롭게 앉아

차 이야기-8

시골 툇마루에 한가롭게 앉아
처마 끝에 주룩주룩 내리는 빗줄기
하냥 바라보던 그때가 그리워
대바구니 가득 몇 십 년 세월을 담고
옹기종기 다기와 녹차를 담아
산속 정자를 찾았다
눅눅한 풀잎 내음
나뭇잎을 후두둑 타고 내리는 빗줄기와
그저 좋은 친구들 담소를
찻잔마다 빗물처럼 담았다
김 오르는 녹차 향에
옛일이 아련하다
언젠가 지금의 이 자리도
되돌아보고 싶은 소중한 순간이려니
다시 우려낸 녹차 한잔이
흐르는 빗물처럼
가슴을 적신다

녹차의 모습은

녹차는
비취빛 하늘을 떠도는 구름과
나무의 잎들이 얼비치는
호수를 닮았다
바다도 강도 아니고
산도, 들도 아닌 것이
산줄기 타고 흐르는 계곡물도 약수도 아닌 것이
작은 다관은 지구의 온갖 얘기를 담고 있다
정제된 얘깃거리를 도란도란
찻잔에 풀어놓고
멀리 시야를 바라보면
세상일 별것 아닌 것인 듯
선의 경지를 펼쳐준다

- 작은 다관은 지구의 온갖 얘기를 담고 있다

우전차

연둣빛 여린 잎 순한 마음 깃든
우전차 한 잔
맑은 햇살 품은 향은
늘 의미 있는 타인으로 곁에 있어준
변함없이 심성 고운 오래된 벗
그대를 닮아 동안의 미소 같은 차 한 잔
함께 마시고 싶어 더욱 정성들여
만들고 싶네
곡우절 과하지 않은 태양 아래
펼쳐진 차밭 니울
가슴에 일렁인다

작설차

봄비가 반가운 손님처럼 대지를 적시던
곡우절 지나 해 오르기 전
참새의 혀를 닮은 차 잎을
정결한 손끝으로 따서
은은하게 덖고 유념하여 만든 차 잎이
비로소 찻상에서
새벽이슬 젖은 다모의 손길 정갈하게 다가온다
진하지 않은 감칠맛이 온갖 기운으로
몸 안에 녹아든다

이제, 곧 여름을 재촉하는 잎들이
싱싱하게 초록물 머금고 무성해지겠지

- 녹 익은 모습으로 환생한

백련차

가슴을 넓게 펼친 연지 안에
드러날 듯 말 듯 숨은 열정으로
다시 피어올린 연화

꽁꽁 웅크린 채 시간을 가두고
녹 익은 모습으로 환생한
정제된 경지의 향기

표주박으로 떠올린
바람도 한 자락
별빛도 한 점
달빛도 한 모금

이제 세상의 무엇을 더 취할 수 있을까

목련차

세상을 향해 첫 메시지로
하늘에 등을 밝히는
푸근한 여인의 모습

처음이라는 의미만큼 힘겨웠을까
우리들 가슴에도 등을 달 때쯤
안타깝게 우수수 떨어지는
갈빛으로 타 들어간 안간힘

손 빠른 차인의 정성으로 달여진
뽀얗던 차잎의 은근함이
어머니로부터 시작된
여인의 향이다

- 세상을 향해 첫 메시지로

국화차

산기슭 바람에
자그마한 꽃잎을 키우고
낮·밤 지켜내며
샛노란 빛 전설처럼
귀한 향 지닌 채
긴 여정에 웅크린 온몸
햇살 맑은 호수 같은 유리잔에 담그고
청정수 한껏 목축이면
가을날 품어온 산의 정기
활짝, 다시 살아 숨 쉰다

- 샛노란 빛 전설처럼

말차의 신비

다완에 우유 빛 거품은
초록빛 바다가 뿜어내는 파도의 꽃이다
배불리 채운 식탐에 거북한 심신을
씻어내려 말차 세 모금 들이키고
거품까지 후 -룩 마시고 나면
청량한 바람과 뱃길에 부풀어 올라
하찮은 사욕에 신물 차오르던
가슴이, 머릿속이
어느 샌가 가뿐해진다

- 다완에 우유 빛 거품은

초록빛 바다가 뿜어내는 파도의 꽃이다

말차 이야기

빛 고운 차 가루를 다완에 점입하고
꽃 피워 세우기에
다선을 힘차게 휘몰아쳐 가볍게
떨어내는 격불의 경지에 이르면
부드러운 연둣빛이 어수선한 오감을 정제시킨다
일순, 잡념에 마음이 어지러우면
손끝의 방향이 흐트러지고
거품이 싸늘히 가라앉는다
다시 돌이켜, 몸과 마음과 손목의 동작을 일치시켜 보지만
다시 꽃피지 않는
허탈함이여, 하여
말차의 진리는 소홀한 나를 타이름에
무언의 스승이어라

대추차

하얀 설렘이
내려앉은 정월
한나절 햇살이 창호지 뚫고 밀려올 듯
격자문 창가에 수런거린다
가을 햇살 듬뿍 먹고
풍요와 다산의 의미를
야무진 몸 안에 지니고
다시 또 쪼글쪼글 제 몸 말려가며
세월을 응축시킨
대추차 향기가
동장군 기세도 누르듯
한겨울 냉랭한 가슴까지 덥혀주며
긴 시간 우려낸 붉은색의 기운이
오감을 상기시킨다

오미자차

발그레 홍조 띤 빛깔로 마주한 수줍음
이미 나는 알았다
상큼한 향으로 발갛게 매혹적인 모습만큼
오미五味로 매료시키는 것을

한 잔의 찻잔에
산속에서 아름답게 주저리주저리
열렸을 모습을 본다
가슴이 조금은 설렜을 거다
알알이 송이송이 따내는 손끝이
조금은 희열로 들떴을 거다
너를 처음 마주한 다인의
모습이 그려진다

아름다운 색감의
차 한 잔이
여인들을 행복에 이르게 한다

보이차

달빛 맘껏 불러들여
차실 깊이 차오를 때
펄펄 김 오른 물 한 주병
곁에 두고 날 새는 줄 모른 채
취한 차향에
이야기꽃 농익어 갈 때쯤
가슴으로부터 오르는 열기
머리까지 차올라
온몸 흠뻑
긴 세월 숙성된
숙련의 의미를 느껴본다

- 차 한 잔에 서서히 내가 홍차가 된다

얼그레이 홍차

오렌지 빛 홍차 한잔
투명한 유리잔에 노을 진 물결로
귀족의 도도한 품위가 전해지듯
차 한 잔에 서서히 내가 홍차가 된다
철들자마자 세상을 얘기해주며
홍차는 뜨거울 때 마셔야 한다는
누군가의 조언도 살아가는 진리도
가슴에 들어앉은 오래된 기억들도
잔 속에 희석된다
발효된 진한 맛이 유럽의
풍미를 전해주며
내가 귀족이 된다

- 소소한 일상들 잘 구워낸 커피 향에 섞어 가며

엣지 있는 향기

가끔씩 얼굴 마주하고 싶은 사람들
눈이 오나 비가 오면 더 생각나는 사람들
펄펄 날리는 눈송이를 닮은 사람
주룩주룩 내리는 빗줄기처럼
잘 울기도 하는 사람
흐린 날 더 편안한 사람
어느 누구의 푸념도 정성껏 응수하는 사람 그런 사람들
햇볕 잘 드는 창가에서 자투리 시간을 금쪽처럼 내어주며
소소한 일상들 잘 구워낸 커피 향에 섞어 가며
네가 있어 행복하다는 말을 할 수 있으면 좋겠다
엣지 있는 향기 같은 삶
그래서 더욱 행복하면 좋겠네

- 은은한 향으로 청량한 느낌으로

레몬차

-정정자 교장선생님을 기억하며

교장 선생님으로 정년을 앞두고 계신
성격 활달한 그분과의 인연은
내게 또 하나의 지혜를 주셨다
늘 환한 모습으로 호탕한 웃음을
선물처럼 지니고 다니시던 여성분
가끔씩 무더운 여름날 교장실 찾아가면
투명한 유리잔에 노란 레몬 한 두 조각 띄운
시원한 물 한 컵 주신다
딱히 차 우리는 법이 필요하진 않겠지만
항시 싱싱한 레몬을 준비해 두는
그분의 정성이
은은한 향으로 청량한 느낌으로
일시에 더위가 가신다
후덕한 모습 함께 늘 상큼한
비타민 같으신 분이다

다화
- 봄

언 땅을 비집고 핀 냉이꽃
공허한 하늘을 이고
차 자리 가운데 겸허하게 앉았다
찬바람 된서리 품고서야
피워냈을
다화를 마주한
소리 없는 미소가
차실 온통 온화하게 번지고
다인들 눈빛이 빈 허공인 듯
편안해진다

- 언 땅을 비집고 핀 냉이꽃

- 처연한 어머니 가슴 빛깔인 것을

다화

– 진달래

바람을 안고 오는 넌 쉬이 왔다
쉬이 가곤 했지 해마다 어김없이
우리 사는 일이 같은 모양으로 반복되듯
시작은 새로운 희망이었고 설렘으로
분주하게 온 산을 뒤덮었지
돌아보면 어느새 화려한 옷깃을 접고
재빨리 사라졌지
나는 안다. 다가가면 결코 화려하지 않은
처연한 어머니 가슴 빛깔인 것을
고난을 딛고 온 너는 쉬이
올 수 없었던 것을

사라질 네 모습 네 향기 고스란히 품고와
녹차 잔 위에 한 잎 띄워놓고
질그릇 맑은 물 위에 몇 송이 띄워놓고
어머니 내음을 모습을 느끼듯
아련하고 행복하다

다화

\- 여름

천덕꾸러기 돼지풀

억센 줄기 아우르듯

오랑캐꽃 한 포기, 살며시 앉은 모양

참으로 작은 송이가

잔잔히 풍기는 조화의 의미

다실 가득 신비롭다

- 참으로 작은 송이가

- 우기에 눅눅한 심기 살짝 흔들어 놓는다

다화

– 雨 중에

피다만 꽃 한 송이 차 자리에 피워 볼까
긴 장마 끝에 늘어진 꽃대 일으켜
차향에 눈 뜨려나
차 한 모금 따라주고
차 이야기 함께 나누려니, 어느새 곁눈질로
바라보던 꽃잎들 풋풋한 미소가
우기에 눅눅한 심기 살짝 흔들어 놓는다

다화

- 가을

실개울 둔덕에
돌아봐 주지 않는 곳
나는 꽃이라 부르며
개망초 한 다발 다실에 옮겨 와
소국 몇 송이 어울려 핀 듯이
놓아두면
찻잔 받쳐 든 손끝에
국향인 듯 망초꽃 향 아련하게
구름이 떠다닌다
국향 닮은 다심일까
나에게 너를
너에게 나를 열어 주는
소통의 길이 보인다

- 개망초 한 다발 다실에 옮겨와

- 마지막 열정을 사르는 핏빛 단풍

다화

– 낙엽

늦가을
맑은 햇살 받아 딩구는
낙엽의 눈물겹도록 아름다운 모습을
기억하는가
마지막 열정을 사르는 핏빛 단풍
샛노란 은행잎, 갈참나무, 느티나무, 떡갈나무
우수수 쏟아지는 낙엽비 맞으며
숲속에 차 자리 깔고
따뜻한 녹차 김 오르니
무릉도원이 눈앞에 펼쳐진 듯하다
또 다른 푸르름을 기약하는
낙엽의 의미를 찻잔에 띄워
진솔한 지인들과 생각을 함께하는 차 자리에
가을볕이 옆에 와 앉는다

다화

- dry flower

생명이 없다고
꽃이 아닌 것은 아니었다
계절은 바뀌어도
철따라 그 모습 그 향기 지닌 채
갖가지 사연까지 고스란히
우리 앞에 마주한다
제 몸 말려가며 그 모습 지켜내기에
긴 수고는
다시 기억해 주는 사람들 눈빛에
이미 행복하다

다화
- 겨울

길가에 뿌리 뽑힌 빈 수수깡
성긴 뿌리 사이
빛바랜 강아지풀 수북이 꽂아
질박한 수반 위에 옮겨 보니
알알이 풍성하게 들녘을 메우던
후덕함이, 지난 계절 비우기까지
후회 없는 모습이라
빈 듯이 채워진 다화에
녹녹한 마음 끝이
눈 덮인 세상 속으로 사뿐히
맨발로 내닫고 있다

다기의 품성

다기를 처음 만나던 날
생경한 기억들
긴 시간이 흘러서야 손에 닿으면
자연스레 연륜이 묻어나듯
혼연일체가 된다
화려하지 않은 빛깔과 순한 모양들이
인간의 순수한 초심인 듯
모나지도, 일그러지지도 드러나지도 않는
모양새와 품성이 조화를 이룬다
작으나 큰마음을 다스리는 찻잔
둥근 탕관의 푸근함이 우주를 품은 듯이
의연하다
숙우는 쉽게 달아오르는 인간의 가벼움을
다스리듯 겸손한 조절을 하고

- 화려하지 않은 빛깔과 순한 모양들이

절수가 깔끔한 다관은 찻상의 중심에서
어머니의 손길처럼 정성껏 차를 만들고
세 번의 나눔으로 골고루 차를 나누며
질서와 조화의 덕을 가르친다
찻상 위에 차통. 찻숟가락. 찻잔 받침
뚜껑탁 어느 것 하나 빼놓을 수 없는
다건과 다포의 깨끗한 눈부심이
찻상의 정성을
아름답게 아우른다

- 다실 창을 물들이는 황혼 빛을 등에 지고

다실에서-1

노을빛 삶이
함께 가는 동반의 의미로
어느 땐가부터 타오르는 붉은 빛에
가슴 깊은 곳으로부터
눈물겹도록 취하기도
온몸을 붉은 빛으로 감싸는
황홀함에 젖기도 하는
우리 그런 시절 가운데
다실 창을 물들이는 황혼 빛을 등에 지고
따뜻한 오미자차의 붉은 기운에
달콤한 행복을 향유한다
뉘엿뉘엿 저녁 빛이
가슴을 파고든다

다실에서-2

모래사장의 옥돌처럼
함께 부대끼고 다듬질하던
동료 선생님들
늘 같기도, 늘 다르기도 한
차 맛을 논하며
인생을 숙련시키던 근 십 년 세월
차곡차곡 찻상 쌓듯이, 방석 쌓듯이
그렇게 차실에서
소소한 꿈들을 숨겨 놓았네
근간을 바로 세우듯 늘
곧게 서 있는 십장생 병풍 속에
거북이, 학, 사슴과 우리 함께
어우러져 그곳에 서 있기도
노닐기도 했다

다실에서-3

첫 만남 설레임으로
차 살림에 다소곳해지고
다도 예절이 몸으로 가슴으로 머리로
익숙해지고
구용 구사의 가르침에 몸가짐 마음가짐
다시 태어나던 날들
사랑법을, 용서하는 법을
깨우쳐 가며
수없이 재탄생시키던 자신들
차곡차곡 쌓여가는
시간은 멈추지 않는데
얕은 우리의 인성은 정지된 아집으로
시기와 미움의 싹을 키워 내기도 한다
얼마큼 더 차 생활을 해야
정제된 인성으로
선의 경지에 이를 수 있을까

- 곤한 세월 흐르던 날

다실에서-4

등줄기로 후줄근히
곤한 세월 흐르던 날
빈 듯 한 다실
발 고운 돗자리 가운데 앉았다
긴 한숨 고루고 나면
목울대 넘어가는
녹차 한 잔이
가시처럼 껄끄럽던
생체기를 아물게 하고 있었다
누구에게나 차 보시하듯
무거운 짐 풀어 놓고
차 한 잔에 시름 덜어주는
그런 곳이었으면

- 씨줄 날줄로 놓여 있다

다기배열

찻상 위의 다기들은
일정한 간격과 사방 삐뚤어짐 없이
씨줄 날줄로 놓여 있다
작은 사각의 공간에서
가로 세로 길 따라
다인의 손놀림이
씨줄 날줄로 오며 가며 자연스러움이
물 흐르듯 하다

어머니의 생강차

동장군이 기승을 부리던 엄동설한
처마 끝 고드름이 주렁주렁
문고리를 잡으면 손이 쩍쩍 들러붙고
콧물 눈물이 금세 얼어버리던 한겨울
매서운 칼바람 헤치며 집으로 뛰어가
책가방 윗목에 집어던지고
따끈한 아랫목에 얼어버린 발 푹 넣으면
어머닌 다시 이불 걷어내고
당신 손의 온기로 냉기를 풀어주며 이불을 덮어주셨다
동상을 염려하신 거다
늘 고뿔을 달고 살던 식구들은
특유의 향은 싫었지만 꿀의 달달한 맛에
매콤한 생강차를 겨울 내내
상비약처럼 마셨다
가끔 그 맛을 기억하며
생강 듬뿍 대추도 곁들여 한 주전자 끓여 보지만
그때의 매콤한 맛을 낼 수가 없다
알싸한 어머니의 향이 눈가에 촉촉하다

- 콧물 눈물이 금세 얼어버리던 한겨울

강 둔치에서

가끔씩 가을 햇살 좋은 날
친구와 함께
코스모스 만개한 산책로를 찾는다
쌓인 이야기 풀어놓으며
바삐 달려가는 시간을 잠시 멈추어 놓는다
길가에 배려해 놓은 벤치에 앉아
꽃이 다화인지 우리가 다화인지 모를
코스모스 꽃 속에 묻혀
우려 온 따뜻한 녹차 한 잔씩 마시며
모처럼 한가한 그 순간에
우린 담백한 행복을 나누고 있다
하늘빛이 구름 빛이 햇빛이 부시게
행복하다

- 코스모스 만개한 산책로를 찾는다

- 더듬어 더듬어 드넓은 절터에 지칠즈음

회암사지에서

십여 년 전 천보산의 편안한 산 능선과 하늘과 바람을 이고
흘러간 이야기들을 품고 있는 황량한 빈 절터를 찾았다
이성계의 또 다른 왕궁으로 별칭 되고 있던
유구한 역사의 흔적은 화염에 휩싸여 한순간에 사라지고
잿빛 폐허 속에 뒹구는 웅장했던 유물들이
세상 밖에 숨을 쉬기 위해 누군가의 손길을 기다리고 있었다
더듬어 더듬어 드넓은 절터에 지칠즈음
초라하게 자리 잡은 작은 암자로 우리의 발길 이끌어
차 한 잔 우려 주시던 노스님의 인자한 눈빛에
광대한 역사의 흐름이 무상하게
등 돌리고 있었다
전통차를 모르던 그때의 차 한 잔이 이제사 아련하게
혀끝에 감도는 건
해탈의 경지를 향해 가던 묵언의 말씀이
근황이 궁금한 거다

얼음꽃 같은 얼굴빛으로

오래전 연을 맺은
얼음꽃 같은 얼굴빛을 가진 그녀의 머리칼에선
늘 녹차 향이 풍겼다
작고 마른 그녀는 바지런하게 차바구니를
선물처럼 들고 다녔다
시간만 허락되면 여유롭게 바구니를 열고
유명한 사찰에 계시는 큰스님께서 보내 주신다는
귀한 말까지 풀어 놓으며
지리산 녹차와 소산원 말차를
소꿉장난하듯 빠른 손놀림으로 우려 주곤 했다
거한 점심 식후엔
다완에 연한 빛의 거품 꽃을 피워 내미는
말차 한 잔으로 거북한 가슴이
빠르게 편안해지곤 했다
전통차와의 첫 인연이었다

- 소꿉장난하듯 빠른 손놀림으로 우려 주곤 했다

십칠, 팔 년 전 차 바구니를 들고 미국으로 떠난
그녀는 지금도 남편과 딸아이를 앞에 두고
사랑의 차를 우려내고 있을 거다
햇볕 따뜻한 겨울 창가에 그녀가 풍기던 향이
여전히 감미롭다

차에 대하여

차생활은 자신을 낮추고 남을 높이는 선비 정신이 깃들어 있는 위대한 정신문화라 한다.

차를 마시는데 있어 다기를 빠뜨릴 수 없다. 다기는 그 종류도 다양하고 명칭 또한 각기 다르다. 먼저 녹차 만드는 다기의 기본 명칭을 살펴보면 찻상, 다반, 탕관, 다관, 숙우, 차통, 찻잔, 잔탁, 퇴수기, 다건, 다건탁, 다관, 뚜껑탁, 차시, 다포, 상보, 다건함 등 여러 종류의 다기가 쓰인다.

다구를 다루는 행위에 있어서도 갖추어야 할 덕목이 있는데, 다도용심이라 하여 내 마음을 잘 작동해야 하며 다도조심은 마음을 조절할 줄 알아야 함을 뜻한다. 다도섭심이란 걷어 들이기를 잘해야 함을 뜻하며 다도이심은 마음 다스리기를 잘할 줄 알아야 함을 의미한다.

찻상과 다반

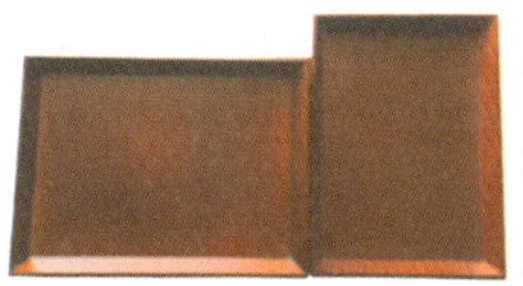

주인의 차 살림을 한곳에 질서 있게 차릴 수 있는 차상은 차 우리는 사람의 살림 모양새가 한눈에 보여지며 차의 정성을 시공자가 예를 갖추어 옮길 수 있는 다반은 온갖 차의 얘기가 묻어있는 다담상이다.

다포와 다건

햇볕 아래 눈부신 깨끗함이 오래전 마당 끝 팽팽한 빨랫줄에 늘 보아온 어머니 손길에 길들여진 옥양목 이불처럼 하얀 천조각들.

탕관과 다관

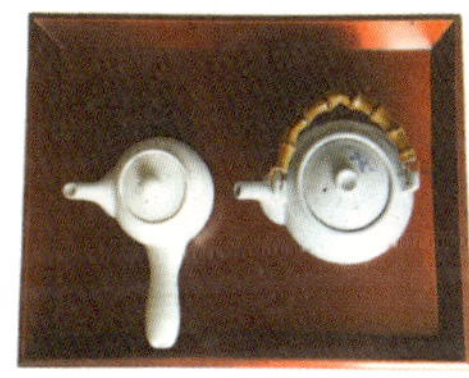

탕관은 식솔을 거느리던 든든한 가장의 모습, 다관은 식구들 위해 넘치지도 부족하지도 않도록 살림을 꾸리시던 어머님의 모습이다.

뚜껑탁

없어도 될 듯 하지만 앙증맞은 탁자처럼 반듯한 모양을 갖추고 당당하다.
차를 만들어 보면 다완 옆에 꼭히 있어야 할 동반자 같은 다기임을 알 수 있다.

잔탁

존경의 예를 갖춘 잔탁은 대접하는 사람의 마음을 오롯이 작은 찻잔마다 받혀 정성들인 차의 귀함을 더해준다.

찻잔

옹기종기 모여앉아 기다림의 배려도 나눔의 배려도 작은 자세로 순응하는 모습이다.
함께한 사람들의 다담이 무르익어 가듯 찻잔마다 작은 여울이 소곤소곤 함께 깊어간다.

숙우

펄펄 끓인 물을 식힘의 과정 없이 차를 만들면 낭패를 보리라. 쓰고 떫은맛이 차맛을 떨어트리지 않는가. 급한 성미를 한번 멈추게 해주는 숙우는 가장 아름다운 숙성의 깨우침을 주고 있다.

차시

차시와 차통

한 스푼 뜰 때마다 정확한 양으로 차맛의 진함과 싱거운 맛을 조절해 주는 작은 차시는 사람의 몸을 치료하는 약의 양을 저울에 달 듯 그렇게 차맛을 좌우한다.

차통

어느 것 하나 소중하지 않은 것 있으라마는 차 만드는 일에 차 없음은 무용지물 아닌가 하여 고이 담아 올린 차통은 더 소중하여라.

퇴수기

사람이 취하고 거하는 일도 소중하지만 버리는 일 또한 중요한 일 중에 하나다. 한 곳에 자리하여 차 만드는 일과 마무리하는 일을 쉬이 도와주는 퇴수기 또한 아름다운 모습이다.

상보

시작과 마무리의 할 일을 잡귀와 벌레를 쫓아내고 건강과 행운을 상징하는 붉은 색의 상보가 우아하고 반듯하게 걷어내고 덮어준다.

음·양의 조화를 이룬 청색 네귀퉁이는 귀함을 더해주며 사각거리는 소리가 들리듯 느림의 미학이 느껴진다.

다식

몸에 유익한 것들로 가루를 내어 사람 눈에 즐거운 모양과 다섯 가지 색을 써서 차 마시기 전 감도는 단맛은 차의 맛을 더욱 감미롭게 하며 차 자리의 멋스러움을 더해준다.

다화

철따라 과하지 않을 만큼의 꽃이나 풀이나 야생화와 어우러지는 마른나무가지, 깨진 토기 등 어느 것이나 차 자리에서는 운치 있게 소소하지만 귀한 자태를 갖춘다. 은은한 향이 차와 어우러지듯 다담의 자리를 더 화애롭게 하는구나.

처염상정處染常淨과 방하착放下着을 노래하다

– 이미라 시인의 『차茶 이야기』를 읽고 –

이성림(문학박사·명지대학 교수)

– 차를 따르는 시인의 면모

차를 따른다는 것은, 차가 좋아서 차를 좇는다, 따른다의 의미와 차를 우려내어 찻잔에 따른다는 뜻도 있습니다. 이미라 시인은 두 가지 뜻을 다 겸하고 있는 차의 여인, 차의 시인입니다. 차는 본시 마음과 정신을 차분하고 평안·편안·평화롭게 해 주는 문화적 음료의 고수자리를 차지하고 있습니다.

추운 겨울을 이겨내고 이듬해 봄에 새순이 돋아 향기로운 차의 맛을 우리들에게 제공해 주는 햇차처럼 이미라 시인은 독자들에게 맑은 차향으로 번져오고 있는 분입니다.

이번에 출간하는 『차茶 이야기』는 그의 두 번째 시집입니다. 일단 차를 마시고 나면 마시는 것으로 끝나는 듯 하지만 거기서 얻은 시적 경험들은 언제가 발효되어 다른 형태로 창조되는 효과가 있습니다. 이러한 그의 결과물이 바로 이미라 시인의 『차茶 이야기』입니다. 차 속에 깊게 배어있는 사유들이 말벗의 존재로, 때로는 위로의 존재로, 상처 받은 인간의 내면들을 보편적 이야기로 보듬어 안아 승화시켜 끌어올려 주는 힘이 있습니다.

무엇보다도 자연의 섭리를 잘 포착하여 한 차원 높여 놓고 있다는 점에서 세상사에 물들지 않는 '처염상정'과 욕심 부리지 않고 모든 것을 아래로 내려놓는 '방하착'의 모습을 보이고 있는 그윽한 다인으로서의 품격을 보여 주고 있습니다.

더욱 기뻐하고 축하할 일은 이번에 제3회 춘우 문학상 대상으로 선정된 시집 『차茶 이야기』는 차의 맛처럼 부드럽고 평정심을 잃지 않는 이미라 시인의 성품까지도 수록된 작품 전반에서 우러나오는 느낌이 듭니다.

문학상의 의미는 작가의 어떤 작품이나 그 사람의 문학에 대한 공적이 지금 이 시대에 깊은 공감대와 의미를 가지고 있다는 것을 확인하는 것입니다. 이러한 행위를 통해 그러한 가치를 공유하자는 데 바로 문학상의 의미가 있다 할 것입니다. 무엇보다 작가가 얼마나 사회적·문학적·예술적으로 실감나는 진정성을 가지고 세계를 보는지에 대한 인정을 받았다는 점이기도 합니다. 그 시선의 깊이를 함축하고 있는 작품과 공적을 가진 후보자로 선정된 이미라 시인이 그동안 천착해 온 차를 중심으로 한 시작 작업에 의미를 부여하면서 살펴보기로 합니다.

- 차를 마시는 명상의 시간

차를 마시는 시간은 느림의 미학 달성입니다. 현대인들은 참으로 분주하고 잠시도 가만히 앉아 있지 못합니다. 바쁘게 생활하면 할수록 우리는 고요한 시간을 원하는 것입니다. 따뜻한 차 한 잔에서 우러나는 빛깔을 응시하며 향기를 음미하면서 고요 속으로 침잠하는 분위기를 다음의 시에서 느낄 수 있습니다.

> 원효폭포 힘찬 물살 다스려 잔잔히 흐르는/ 계곡의 속리교 건너 108계단 오르는 동안 이미 희석된 세속의 마음 가닥들을 추슬린다/ (중략) 바쁜 행랑들은 사심을 씻어내며/ 비바람 삭여낸 뽕잎차/ 청아한 약수로 우려 주는/ 스님의 차 한 잔이 온갖 마음을 다스려 준다
>
> -〈자재암에서 차를 마시다〉 중에서

이처럼 시끄러운 속세를 뒤로 하고 세속의 마음으로 108계단 오르는 동안 차츰차츰 어지러운 번뇌를 다 내려놓고 가라앉혀 마음 가닥들을 잘 다스렸다는 것입니다. 그 자체가 이미 명상의 분위기에 젖어든 경지를 뜻합니다. 바쁘게 드나드는 행랑객들의 수선스러운 삿된 마음을 날려 버리고 맑은 약수로 우려 낸 차로 심사를 다스리는 명상의 경지에 도달하고 있음을 알 수 있는 대목입니다.

〈완상에 이른 다인〉의 모습에서도 '자신을 낮추어야 늘 의

연하게 겸손한 모습' '차의 담백한 성품에 일치를 이룬 참모습이다'라고 하여 조용함과 고요함 속에 다다른 완상미를 보여주고 있습니다.

> 번잡한 국도변 작은 다실/ 그곳엘 가면/ 많은 시집과 서적들이 마구 쌓여있고/ 해 묵은 차들이 사방에 꽂혀 있는/ 작은 사랑방/ 오며 가며 따끈한 차 한 잔 취할 수 있는/ 그곳엔 고고한 기운이 감돌며/ 세월을 거슬러 사는 듯/ 늘 단아한 여인이 차를 우려주고/ 도시의 소음을 잠재우고/ 고요한 담소를 나눠준다/ 해묵은 차향이 다실을 맴돌며/ 완상에 이르게 하는/ 다실에서, 나는/ 그녀를 다인이라 부르고 싶다
>
> -〈한다원〉 전문

시끄럽게 자동차들이 왕래하는 번잡한 국도변이지만 내부의 다실은 지극히 고요할 따름이라고 다원의 속성을 짚어내고 있습니다. 차를 마시는 작은 사랑방의 정경이 고즈넉합니다. 차 한 잔으로 헛헛함을 채워 주며 도시의 소음까지도 잠재워 주는 차의 효능을 재삼 음미하게 합니다. 고요한 가운데 그윽한 담소를 나누며 차를 우려내어 다소곳이 내어 주는 그녀를 진정한 다인이라 부르고 싶다고 합니다. 정신적인 자양분을 충만하게 내려 주는 차의 유용함을 다시금 느끼게 합니다.

> 인적 없는 산속/ 샘물 흐르는 소리/ (중략) 단아하고 온유한 마음들이 물속의 수초처럼/ 흐르는 듯도, 정지된 듯도 하여/

몸도 마음도 고요함에/ 다담의 여유는 해탈의 순간입니다

–〈다심〉 중에서

진정한 의미의 차를 마시는 마음, 다심이란 무엇입니까. 위의 시에서 해탈의 순간이라고 노래하고 있습니다. 시인의 마음이 곧 다심인 것을 눈 밝은 독자들은 느끼게 될 것입니다. 자신이 속세에서 가져온 불안이나 번민이 다인의 손끝에서 따르는 청아한 차 한 잔 속에 스며들고 맙니다. 그 순간, 온갖 번뇌는 녹아들어 고요한 명상 속으로 침잠하게 되는 것입니다. 마치 물 속에 수초들이 흐르는지 정지되어 있는지 모를 정도로 몸과 마음도 정지된 듯 해탈의 순간에까지 도달하고 있음을 보여 주고 있어 명상의 최고치 깨달음에 이르고 있음을 감지하게 됩니다.

이렇게 차와 함께 하는 분위기는 차분하고 진지한 사색의 시간으로 마련되고 있음을 알 수 있습니다. 번잡한 도시인들의 삶을 고요한 명상의 세계로 이끌어 줍니다. 물리적인 환경 변화는 없지만 정신적으로 조용한 환경에서 우러나올 수 있는 명상의 분위기를 단순한 듯한 이 차 한 잔에서 비롯하게 해 주는 최상의 문화 음료로서의 가치를 부여하게 됩니다.

바로 이 점에 관하여 이미라 시인은 천착하고 있음을 알 수 있었습니다. 글은 바로 글을 쓴 사람을 닮는다는데 고요한 시인의 얼굴이요, 마음임을 알 수 있습니다.

- 계절별로 느끼는 차의 감흥

우리나라는 정말 아름다운 사계절이 있어서 얼마나 정서적으로 풍요로운 감흥을 일으키는지 만끽하며 살아가고 있음을 이미라 시인은 계절별로 노래하고 있습니다.

온 세상이 떡 떡 얼어붙어 도저히 살아있는 생명체라곤 아무 것도 없다고 여겨지는 한 겨울을 뚫고 올라오는 신비한 생명의 새싹을 시인은 시인만의 눈으로 보고 있습니다.

추운 겨울을 이겨내고 찬바람 된서리 속에서 피워 올리는 다화茶花의 끈질긴 저력을 섬세하고 깊이 있는 관찰력으로 읽어 내고 있습니다. 다분히 볼 수 있고 느낄 수 있는 자만이 발견할 수 있음을 눈 밝은 독자들은 아실 것입니다.

> 언 땅을 비집고 핀 냉이 꽃/ 공허한 하늘을 이고/ 차 자리 가운데 겸허하게 앉았다/ 찬바람 된서리 품고서야/ 피워냈을/ 다화를 마주한/ 소리 없는 미소가/ 차실 온통 온화하게 번지고 /다인들 눈빛이 빈 허공인 듯/ 편안해진다
>
> -〈다화 -봄〉 전문

어느 만큼 인생을 살아오신 시인은 말하지 않아도 쉽게 꽃 한 송이 피워 올릴 수 없다는 것을 잘 알고 있습니다. 언 땅을 비집고 올라오는 냉이 꽃이 얼마나 용을 쓰며 힘이 들었을 지를 잘 아십니다. 그렇듯이 우리들 인생이 불어오는 찬바람 된서리를 맞지 않고서는 여물어질 수 없음도 익히 알고 있습니

다. 이렇게 꽁꽁 얼어붙은 겨울을 뚫고 올라오는 저 생명력의 신비로움 앞에 차를 마주하고 앉은 다인들은 이심전심으로 그 의미를 새기며 조용히 차 한 잔을 마시니 그제서야 비로소 그 가치를 평화로운 마음으로 새길 수 있었다는 것입니다. 봄을 노래한 한 편의 시가 더 있습니다. 부제를 '진달래'라고 하였습니다.

/시작은 새로운 희망이었고 설렘으로/ 분주하게 온 산을 뒤덮었지/ 돌아보면 어느새 화려한 옷깃을 접고/ 재빨리 사라졌지/ 나는 안다, 다가가면 결코 화려하지 않은/ 처연한 어머니 가슴 빛깔인 것을/ (중략) 질그릇 맑은 물 위에 몇 송이 띄워놓고/ 어머니 내음을 모습을 느끼듯/ 아련하고 행복하다

-〈다화 -진달래〉 중에서

늘 봄이면 진달래는 피었다, 졌다 한다는 것을 오랜 세월 살아오신 시인은 번연히 알고 있습니다. 그러나 단순한 이 자연의 오고 가는 일에 대하여, 진달래꽃 이파리 이파리 하나에서도 쉽게 지나가지 못하고 보이지 않는 것을 찾아내어 의미부여를 하고 있습니다. 바로 우리들의 영원한 정신적 회귀처요, 모태母胎이신 어머니의 이미지를 찾고 있습니다. 참으로 훌륭하신 탁견卓見이요, 수작秀作이라 하지 않을 수 없습니다. 딴에는 화사하고 화려해 보이기만 할 뿐인데, 여기서 작가는 처연한 어머니 가슴 빛깔의 것으로 온갖 고난을 딛고 비로소 힘들게 피워 올린 '진달래꽃' 이라고 인식하고 있습니다. 감히

속 깊은 마음의 눈이 아니면 도저히 찾아낼 수 없는 이미저리 Imagery인 것을 외면할 수 없습니다. 그것은 바로 신의 대리자 역할을 수행하고 계시는 어머니이기 때문입니다. 단순한 차를 마시는 행위가 아니라 고요히, 깊은 데서 끄집어 올린 어머니를 노래하고 있다는 데서 경건해지기까지 합니다.

여름의 계절에서는 남들이 눈길을 주지 않는 것에도 시인은 마음을 기울이고 있음을 알 수 있게 합니다.

> 천덕꾸러기 돼지풀/ 억센 줄기 아우르듯/ 오랑캐꽃 한 포기, 살며시 앉은 모양/ 참으로 작은 송이가/ 잔잔히 풍기는 조화의 의미/ 다실 가득 신비롭다
>
> -〈다화 -여름〉 전문

이렇게 작가는 돼지풀이나 오랑캐꽃 같이 귀히 여기지 않는 꽃들의 조화에도 마음의 눈길을 주고 있습니다. 잡초라는 분류는 단지 인간의 눈으로 갈라놓은 것이지 우주 천지의 시각으로 보았을 때는 모두 귀한 생명체를 지닌 식물입니다. 다시 말하여 신의 눈으로 보았을 때는 모두가 창조물이고 독자적인 개성이라고 한다지 않습니까. 신비로운 생명의 눈빛으로 보는 시인의 마음이 바로 참다운 다인의 모습으로 비춰 옵니다.

〈다화 -雨 중에서〉를 보면, 피다만 꽃 한 송이를 피워 올리려는 시인의 정성스러운 마음이 진솔하게 들어 있음을 감지하게 됩니다. 우기雨期에 젖은 눅눅한 마음을 살짝 흔들어 놓는

다는 흔하지 않은 모처럼의 귀한 여름의 정취를 노래하고 있습니다. 그냥 저절로 피는 것이 아니라 마시다 만 차 한 잔을 따라주니 꽃잎들이 풋풋하게 미소로 번져 오더라는 것입니다. 얼마나 우아한 정취입니까. 사람들만이 차를 마시는 것이 아니라 여름 장마철, 습한 주변을 함께 나눔으로써 분위기를 밝혀주고자 하는 다인의 오롯한 마음이 와 닿습니다.

가을의 정서는 더욱 마음에 와 닿고 있음을 느낄 수 있습니다. 너에게로 바로 가는, 직선의 소통 길이라는 것을 가을 꽃을 통하여 보여 주고 있습니다.

> 실개울 둔덕에/ 돌아봐 주지 않는 곳/ 나는 꽃이라 부르며/ 개망초 한 다발 다실에 옮겨 와/ 소국 몇 송이 어울려 핀 듯이/ 놓아두면/ (중략) 국향 닮은 다심일까/ 나에게 너를/ 너에게 나를 열어 주는/ 소통의 길이 보인다
>
> -〈다화 -가을〉 중에서

가을은 어우러짐의 계절이라는 마음이 시인의 가슴에 정서적으로 자리 잡고 있습니다. 국향과 개망초 꽃 향이 어우러져 마치 하늘의 구름이 떠다니는 듯 하다는 느낌을 풀어 놓고 있습니다. 사람들의 시선을 화려하게 받는 꽃도 아니고, 위치도 외진 곳에서 피어나는 개망초를 꽃이라 부르며 한 다발 가져와서 정갈한 다실 위에 올려놓으니 어떤 국향보다도 제값을 하는 듯합니다. 제값을 하도록 만들어 주시는 시인의 손길이 귀하기만 합니다. 이렇게 시인은 남들이 눈길을 안주는 것을

발견하여 의미부여를 하는 천부의 작가라는 것을 다시 상기하게 됩니다.

이번에는 겨울의 풍광을 색다른 곳에서 찾고 있는 시인을 만나게 됩니다.

> 길가에 뿌리 뽑힌 빈 수수깡/ 성긴 뿌리 사이/ 빛바랜 강아지풀 수북이 꽂아/ 질박한 수반 위에 옮겨 보니/ (중략) 빈 듯이 채워진 다화에/ 녹녹한 마음 끝이/ 눈 덮인 세상 속으로 사뿐히/ 맨발로 내닫고 있다
>
> -〈다화 -겨울〉 중에서

위의 여러 작품에서와 같이 이번에도 시인은 남들이 일반적으로 시의 소재로 선택하지 않거나 눈길을 주지 않는 것을 독특하게 찾아내는 시인만의 감각이 있습니다. 유별난 정감에서 우러나오는 인식의 차원이라 하지 않을 수 없습니다. 한 여름 성성함을 뽐내던 화려한 시절을 다 어디다 두고 이제는 빈 수수깡으로 성글게 나앉아 있는 모습과 빛이 다 바래진 강아지풀과의 조화를 흙으로 빚어 놓은 수반에서 바라보는 상상만으로도 풍요롭습니다. 그러나 질박한 듯, 투박한 듯한 수반에 얹어 놓으니 묘한 겨울의 분위기가 연출되고 있음을 상상으로도 충분히 그려보게 합니다. 지난 날, 알알이 박혀 있던 풍성함까지도 유추해 내고 있습니다. 그러면서 겨울의 깊은 속으로 녹녹한 마음이 되어 깊게 빠져들고 있다고 노래하고 있습니다.

이처럼 시인은 절기마다 다른 사 계절의 특색을 잘 살펴서 다인으로서의 그윽한 정서와 자연적인 분위기를 잘 살려내고 있습니다.

-〈차 이야기〉를 통해 본 차 이야기

작가는 그윽한 차의 세계로 우리 독자들을 인도합니다. 바로 〈차 이야기〉라는 제목으로 되어 있는 총 여덟 편의 연작시 형태입니다.

세상에 같은 차의 맛은 하나도 없습니다. 같은 듯 하지만 절대로 조금 전 물의 온도가 아니고, 조금 전에 차를 따르어 주던 그 마음이 아닌 것이지요. 이것이 바로 신비하고 오묘한 차의 맛이요, 깊이입니다.

〈차 이야기〉 여덟 편을 정독하노라면 차의 전모가 깊이 있고 다양하게 다 드러나고 있음을 알 수 있습니다.

> 천지간의 신비를 품었을/ 차 잎들의 절절한 시간이 흐른 후/ 시간과 공간과 선의 경지를 넘나드는 조화 속에/ 나를 내어 놓고, 온통 차오르던 미움들 사념들/ 온전히 내려놓고/ 풀잎 자락 하나 걸치면/ 바람소리 물소리 햇빛 머금은 찻잔에/ 내가 떠 있다
>
> -〈차 이야기-1〉 전문

자그마한 차 이파리 하나에 천지간의 신비가 담겨 있다고

보는 시인의 눈길, 그 발견과 의미부여가 다른 사람들과의 확연한 변별성으로 다가옵니다. 시간이 흐른 후, 부유물이 가라앉게 되면 결국 남는 것은 나 하나라는 철학적 사유를 귀하게 평가합니다. 온갖 시름 번뇌들을 온전히 내려놓는 도인道人의 방법론이라 하지 아니할 수가 없습니다. 이것은 단순한 차 마시기가 아닙니다. 나를 내려놓는 시간이 바로 차 마시는 시간인 것입니다. 방하착放下着의 진정한 모습입니다. 모든 것을 아래로 내려놓는 다는 것이 그리 쉬운 일입니까. 여기서 깨우치고 터득하게 되는 경지가 놀랍습니다. 흔히 마음을 비우라고들 하지만 실제 도달하기까지는 인간적 욕망 앞에 무색해 지는 것을 어찌할 도리가 없다고들 합니다. 그러나 시인은 온전히 내려놓으니 찻 잔에 가볍게 떠 있는 자신의 모습이 보이더라고 읊습니다. 궁극적으로 〈차 이야기〉는 깨우침의 미학인 것입니다.

이어서 차를 마시는 마음이 〈차 이야기-2〉에서, '무명 빛'이라고 하여 옥양목玉洋木 같이 발이 곱고 빛깔이 희고 얇은 화포花布로 바라보고 있습니다. 가득 차오르는 설움의 빛이라고 하십니다. 무명의 겸허한 빛이 차를 마시는 모습으로 무심한 듯 스며드는 경지를 노래하고 있습니다.

〈차 이야기-3〉에서는 지극히 인간적인 그리움의 심정을 발아發芽시키고 있는 고운 이야기를 만나게 됩니다. '차를 마시는 누구나/ 그리운 이 한 사람쯤 만들어 낸다'고 하여 고즈넉하기 그지없는 분위기를 자아냅니다. 그것은 고요하고 아늑하게 말없이 다소곳하니 잠잠함 속에 놓이다 보니 인간 본연의 연정戀情스러움을 품어 볼 수도 있겠다는 자연의 발로인 상태입니다. 맑은 그리움입니다. 좋은 인연 한 사람쯤 맺어 보고 싶다는 순수함의 차원인 것으로 읽혀지는 솔직함이 돋보이는 작품입니다.

어머니 품 속 같은 차 밭을 노래하기도 하고, '터질 듯 초록물 머금은 차 잎들/ 장인의 손맛으로 비비고 또 비비고'라고 하여 우리 다탁 앞에 다소곳하게 정갈한 모습으로 오기까지의 지난한 차 조제 과정을 놓치지 않고 있습니다. 그러한 정성이 들어간 장인의 손끝에서 만들어진 차 이파리 한 잎 한 잎이 얼마나 귀한지 우려내고 또 우려내도 다양하게 번지는 차 맛이라고 찬미하고 있습니다.

> 더러는 달큼하다고도 하고/ 더러는 시큼하다고도 하고/ 더러는 씁쌀하다고도 하고/ 더러는 짭짤하다고도 하고/ 더러는 떫다고도 하고//
>
> -〈차 이야기-6〉

차 한 잔 속에는 참으로 다기多岐한 인생 이야기가 다 들어 있다고 노래합니다. 생각해보면 인생의 맛이 그러하지 않습니까. 어느 순간 달콤한가 했더니 회오리 바람이 몰아쳐 씁쌀, 짭짤하게 눈물을 쏙 빼내게 하는 일도 더러는 있지요. 이미 나름대로 애쓰며 다양한 인생을 살아오신 이미라 시인은 초연한 경지에서 인생을 바라보고 있습니다. 그렇기 때문에 후 편에서, '쉽게 성내지 않으며/ 쉽게 유혹에 빠지지 않으며/ 과하게 탐하지 않으며'라고 체득된 인생론을 풀어 놓고 있습니다.

그리하여 세상살이를 유유하게 흘러가는 물결처럼 순리적으로 다스리려 하는 인생철학을 습득하고 있습니다. 이러한 인생 여정이 차 이야기-7과 -8로 자연스럽게 이어지고 있습니다.

지나온 시간을 되돌아보고 다시 우려낸 찻잔 앞에 담소를 나누며 젖어 내리는 빗줄기와 함께, 또한 설경을 바라보며 따뜻하고 포근한 겨울을 나누고 싶어 합니다.

이렇듯 연작시 〈차 이야기〉 속에는 차에 관한 다양한 이야기를 통하여 결국은 원숙한 인생철학의 경지를 자연스럽게 터득할 수 있었다는 저간의 세월을 담아내고 있음을 알 수 있습니다. 특히 요즈음 같이 어수선한 세상을 살아가는 데는 각자 나름대로의 터득된 인생철학이 없이는 참으로 힘들기 때문에 이러한 시편들이 귀하다는 가치를 부여할 수 있습니다.

- 차에 관한 공부를 하신 분

전 편을 통하여 관통하고 있는 이미라 시인의 관심은 차에 관한 사색과 관찰에서 빚어낸 수작秀作들임을 단박에 느낄 수 있습니다. 그것은 차에 관한 공부를 하셨기 때문에 가능합니다.

차에 관한 전문 용어가 일상생활 언어처럼 쉬지 않고 작품에 노출되고 있음을 알 수 있습니다. 이번에 출간하시는 『차茶

이야기』 속에는 차를 중심으로 한 전문용어들을 생활 속에 밀접하게 접목시키려 하셨다는 점에서 마치 '차의 전도사傳道師' 역할을 충분히 잘 하고 계시다는 생각을 하게 합니다.

〈다기의 품성〉 〈다기 배열〉 〈찻상과 다반〉의 작품에서 일반인들도 차에 관한 전문 지식을 갖출 수 있도록 비교적 쉽게 문학적으로 승화시켜 놓고 있음을 봅니다.

> 다기를 처음 만나던 날/ 생생한 기억들/ 긴 시간이 흘러서야 손에 닿으면/ 자연스레 연륜이 묻어나듯/ 혼연일체가 된다// 찻상 위에 차통, 찻순가락, 찻잔 받침/ 뚜껑 탁 어느 것 하나 빼놓을 수 없는/ 다건과 다포의 깨끗한 눈부심이/ 찻상의 정성을/ 아름답게 아우른다
>
> -〈다기의 품성〉 중에서

사람에게도 인격이 있듯이 차를 마시는 그릇에도 오래된 연륜에 따라 묻어나는 품격이라는 것이 있다고 의미부여를 합니다. 차를 담아 우려내는 그릇 하나에도 범상히 보아 넘기지 않습니다. 일반적으로 다기의 모습을, '화려하지 않은 빛깔과 순한 모양들이/ 인간의 순수한 초심인 듯/ 모나지도, 일그러지지도 드러나지도 않는/ 모양새와 품성이 조화를 이루다'라고 하여 차를 따르는 다기에 대한 섬세한 관찰과 예찬을 아끼지 않고 있습니다. 그만큼 차에 관한 깊은 이해에서 우러나오는 심성이라고 하지 않을 수 없습니다. 더 나아가, '둥근 탕관의 푸근함이 온 우주를 품은 듯하다'고까지 표현

하였습니다. 인식의 폭이 그만큼 전우주적으로 넓혀지고 있는 광폭廣幅함을 짐작하게 합니다.

'숙우는 쉽게 달아오르는 인간의 가벼움을 다스리듯 겸손한 조절을 한다'는 시 구절에서는, 참으로 절창이로구나! 하는 찬탄을 머금게 합니다. 숙우熟盂는 탕관에서 끓인 물을, 차를 우려내기에 적당한 온도로 식히기 위한 그릇이라는 것을 알게 합니다. 주로 백자사발로 만든 것을 많이 사용하였으며 차를 따르기에 편리하도록 귀때기를 만들어 붙인 '물 식힘 그릇' 인 것을 자연스레 익히게 합니다. 차를 모르는 독자들도 흥미를 갖게 합니다.

또한 '어머니의 손길처럼 정성껏 차를 만들고 세 번의 나눔으로 골고루 차를 나누며 질서와 조화의 덕을 가르친다'라고 하여 차에 대한 송축의 미덕을 공부하게 하십니다. 〈다기 배열〉에서는 작은 차 그릇 하나도 허투루 놓지 않는 일정한 간격과 배열의 자연스러움이 물 흐르듯 해야 한다고 이르고 있습니다. 단순한 그릇 배열이 아니라 이 속에서도 자연미를 놓치지 않아야 한다는 것입니다. 놓여야 할 곳에 놓여 있어야 가장 자연스럽고 빛이 나는 것임을 무언 중 들려주고 있습니다.

표 나게 가르치고 교육시키려 드는 것이 아니라 아주 자연스레 시 속에 스며들게 하고 있습니다. 이러한 면모는 이미라 시인의 독특한 시작방법에서 기인한다고 봅니다.

아울러 위에서 살펴본 바와 같이 다건, 다포, 다반, 뚜껑탁, 잔탁, 차시, 퇴수기, 상보, 다식, 다화 등의 용어를 문학적인 풀이로 잘 풀어 놓고 있는 솜씨가 빼어나다 하겠습니다.

이렇게 다양한 차 전문 용어 뿐만 아니라 다양한 종류의 차들에 대한 사색이 펼쳐져 있음을 몇 편 읽어 내려가다 보면 알 수 있습니다.

국화차, 대추차, 진달래차, 홍차, 우전차, 작설차, 백련차, 목련차, 녹차, 뽕잎차, 얼그레이 홍차, 말차, 오미자차, 보이차 등 익히 알려진 차 종류 외에도 서양의 홍차 종류나 들꽃, 야생화를 소재로 한 차의 종류들을 놓고 작품으로 승화시키고 있습니다.

〈무의도에서 만난 국화차〉에는, 차 한 잔 속에 온통 샛노란 소국들과 바다 향 가득한 해풍이 실려 있다고 노래합니다. 〈녹차의 모습〉에서는 비취빛 하늘을 떠도는 구름과 나무의 잎들이 얼비치는 호수를 닮았다고 노래하고 있습니다. 〈우전차〉에서는 그대를 닮아 동안의 미소 같은 차 한 잔 함께 마시고 싶어 더욱 정성들여 만들고 싶다고 하였습니다. 참새의 혀를 닮은 〈작설차〉에서는 정갈한 다모의 손길을 느낀다고 하였습니다. 드러날 듯 말 듯 숨은 열정으로 피워 올린 〈백련차〉도 아름답기 그지없습니다. 뾰얗던 차 잎의 은근함이 어머니로부터 시작된 여인의 향이라고 표현한 〈목련차〉의 맛은 과연 어떨까 싶을 정도로 호기심을 불러일으키는 표현력에 놀라움을 금치 못합니다.

다완에 우유 빛 거품은/ 초록빛 바다가 뿜어내는 파도의 꽃이다/ 배불리 채운 식탐에 거북한 심신을/ 씻어내려 말차 세 모금 들이키고/ 거품까지 후 -룩 마시고 나면/ 청량한 바람과 뱃길에 부풀어 올라/ 하찮은 사욕에 신물 차오르던/ 가슴이, 머릿속이/ 어느 샌가 가뿐해진다

-〈말차의 신비〉 전문

말차에 대한 완벽한 묘사와 적확的確한 표현을 읽어 낼 수 있습니다. 특색이나 효능까지도 간파하고 있습니다. 그림처럼 실감나게 말차의 특징적인 면을 잘 포착하여 특장特長으로 그려내고 있음에 모두들 공감을 표하리라고 생각합니다. 이러한 점을 〈말차 이야기〉에서는 더욱 신비롭게 잘 심화시키고 있음을 알 수 있습니다.

동장군의 기세를 누르는 〈대추차〉, 발그레 홍조 띤 빛깔로 마주한 수줍음이 여인들을 행복하게 한다는 〈오미자차〉에 대한 언급은 물론, 긴 세월 숙성된 〈보이차〉와 유럽의 풍미를 전해 주는 〈얼그레이 홍차〉에 이르기까지 〈엣지 있는 향기〉로 끌어안고 품어 주고 있는 진정한 차의 여인이십니다.

- 자연을 노래하다 -처염상정과 방하착

이미라 시인의 『차茶 이야기』에는 아름다운 자연 풍광이 그대로 펼쳐져 있습니다. 차는 그 자체가 자연입니다. 현대인들이 목마르게 갈구하는 것도 실은 자연입니다.

초록빛 다원에서 펼쳐지는 차의 향연이 세상사를 잠재우듯 굽이굽이 넘실대고 있는 차밭이 보이고 있습니다. 온 몸에 묻어가는 차향이 정갈한 심신을 우려내는 듯 짙푸른 초원에 젖어 들고 있는 태초 본연의 자연 밭이 펼쳐지고 있음을 시에서 발견할 때는 원시인 상태, 그대로의 자연스러움이 보이는 듯합니다. 밭고랑에 너울대는 햇살과 싱그러움이 차 바구니에 그득해지면 '내 몸이 차 나무인지, 차나무가 나인지 모를 경지'에 젖어든다고도 하였습니다.

강 언덕 풀숲과 온갖 들꽃이 펼쳐져 있는 강기슭에 피어오르는 안개도 『차茶 이야기』에는 나오고 있습니다. 이렇게 들과 강과 섬 등 모든 자연 밭에서 다인의 오덕목과 다심이 완상으로 아주 자연스럽게 차의 색채로 물들어 가고 있습니다.

차를 마시는 일도 어떠한 형식에 정해진 방법에 얽매이기보다는 편안하게, 자연스럽게 차를 우려내고 따르고 마시면 되는 평안과 편안과 평화의 자리라는 것을 은연중 작품 속에 담고 있습니다. 부담스럽지 않고 불편하지 않게 하되, 약간의 상대방에 대한 예의범절을 갖추어야 하는 것은 꼭 차를 마실 때만이 아니라 일반적인 경우에도 적용되니까 그런 정도의 상식과 예의가 있으면 충분하다고 봅니다.

임어당이 지은 〈차를 마시기에 적당한 시간〉의 몇 대목을 보면,

'마음과 손이 다 같이 한가할 때/ 시詩를 읽고 피곤을 느낄 때/ 생각이 어수선할 때/ 한밤중에 이야기를 나눌 때/ 벗이나

애인이 곁에 있을 때/ 하늘이 맑고 산들바람이 불 때/ 가볍게 소나기가 내리는 날/ 사람 사는 마을에서 멀리 떨어진 조용한 절 안에서/ 명천기암名泉奇岩이 가까운 곳에서'라고 하였는데 살펴본 바와 같이 이미라 시인의 『차茶 이야기』와 흡사한 내용이 많습니다.

오랜 세월 차에 대한 천착穿鑿이 빚어내고 건져 올려진 결과입니다. 그것은 하룻밤 사이에 되는 것이 아니라 조금씩 시간을 음미하며 조용하고 겸허하게 자연에 순응하는 마음입니다. 진흙구렁에 물들지 않는 처염상정處染常淨의 저 고고함과 탐욕스럽지 않고 모든 것을 아래로 내려놓는 방하착放下着의 자연을 닮은 모습으로 귀결된다고 하겠습니다.

인생애人生愛와 차애茶愛에서 빚어놓으신 은자隱者와 유덕자有德者의 모습을 시인이 살아온 인생 여정과 함께 자연스레 우러난 결과임을 발견하게 된 것이 시를 읽어 내려가는 동안의 청복淸福이었음을 여기餘技로 적어 둡니다.